À Lulu

JACQUES PERRIN PRÉSENTE

HIMALAYA
L'enfance d'un chef

UN FILM D'ÉRIC VALLI

PHOTOS ET TEXTES DE DEBRA KELLNER

Illustrations de Tensing Norbu

Éditions
de La Martinière

Éric Valli connaît les sentiers qui conduisent aux plus hauts sommets himalayens où les caravaniers du Dolpo mènent leurs troupeaux. Au fil des années et des voyages qui le ramenaient dans leurs villages, Éric Valli a appris leur langue, il est devenu leur frère, le témoin de leurs souffrances et le complice des jours heureux. La connaissance intime qu'il a de ce pays était pour le film un acquis inestimable.

De l'expérience de cette autre vie, Éric Valli a voulu faire un film en forme d'hommage à ces hommes, survivants de siècles écoulés, et qui ne se préoccupent pas de notre troisième millénaire. *Himalaya, l'enfance d'un chef* est un regard porté sur une communauté géographique éloignée de nous. Ici-bas, et bien haut, là où les

arbres ne poussent pas, les hommes portent pourtant les mêmes drames et sont guidés par les mêmes aspirations. Aller si loin en quête d'aventure pour finalement rencontrer son prochain. Les meilleurs souvenirs, les expériences enrichissantes, les faits marquants de notre vie racontent toujours les moments partagés avec d'autres, les moments où l'histoire se fait humaine. Techniciens venus de Paris, Dolpo-pa, tous ensemble durant de longs mois ont partagé la même existence, tous ont pensé que ce film en valait la peine et tous ont donné le meilleur d'eux-mêmes. De cette expérience fraternelle, un film, le leur, en témoigne. C'est l'histoire du Dolpo, l'histoire du vieux Tinlé, et surtout celle de Passang, celle de l'enfance d'un chef.

JACQUES PERRIN

Introduction

Ce film est inspiré de la vie épique de deux de mes grands amis tibétains. L'un, Tinlé, est un *yak-pa*, « un cow-boy » – un homme d'action, de combats, d'épreuves, un chef. L'autre, Norbu, est un lama, un religieux, un peintre, un homme tout à ses prières et à son art qui, lorsque je l'ai connu, n'était jamais sorti de son monastère. Tous deux vivent au Dolpo, une des régions les plus isolées et les plus hautes du globe, univers tibétain au plus profond de l'Himalaya népalais.

Au Dolpo, région protégée par ses barrières politiques et géographiques (véritable pays caché), bat encore le cœur d'un Tibet inviolé.

Le fait de mêler la vie de ces deux personnages a donné tout naturellement naissance à ce film.

Tinlé est le père de Norbu. Une mort mystérieuse va tout à coup rapprocher ces deux personnages si différents ; ils vont être confrontés à une épreuve surhumaine qui changera le devenir de la vallée tout entière. Parce qu'il était essentiel de rester authentique, le travail d'écriture avec Olivier Dazat s'est fait avec la complicité de Tinlé, Norbu et des autres grands personnages de ce film.

Je parle de personnages plutôt que d'acteurs, car ces hommes et ces femmes n'ont pour la plupart aucune expérience de la caméra, et jouent leur propre rôle dans la vie.

Une vie qu'il n'est nul besoin de « fictionner » : tous pourraient être les personnages d'un roman de Jack London ou de Joseph Conrad.

L'action se passe avant la saison des neiges lorsque les immenses caravanes de yaks qui traversent l'Himalaya depuis toujours descendent le sel des hauts plateaux vers les plaines. Ce film est un western, un western tibétain, une saga universelle et intemporelle, qui raconte une histoire de pouvoir, de fierté, de courage, dont les thèmes simples pourraient se retrouver dans les mers du Japon, dans les plaines de la Beauce ou au fin fond du Texas. Pour respecter cette réalité que nous avions à cœur de ne pas travestir, fallait-il encore tourner sur les lieux réels, montrer l'homme au sein de la nature qui l'a forgé ? Neuf mois de tournage au fin fond de l'Himalaya entre 4 000 et 5 500 mètres d'altitude. Un véritable pari physique et technique, une belle aventure pour une vingtaine de techniciens français.

Les joies et les frustrations d'un réalisateur de documentaires m'ont amené tout naturellement aux joies et aux frustrations d'un réalisateur d'un film de fiction.

Le fonctionnement d'une équipe (vingt techniciens – équipe relativement petite pour un tel film) était bien plus lourd et plus lent que ce à quoi j'étais habitué.

Mais ce travail m'a permis de construire, de recréer des moments d'émotion que le documentaire ne permet pas toujours de capturer. Il m'importait de saisir l'essence de cet univers extérieurement si différent du nôtre. Mon travail de réalisateur consistait donc à laisser mes person-

nages s'exprimer à leur façon. Il me fallait être le plus transparent possible et m'effacer devant la force et la richesse de leur propre vie ; c'est leur histoire que je racontais, ils étaient les maîtres, j'étais leur élève. Je n'ai pas voulu, dans ce film, parler de politique ; d'autres auteurs, d'autres réalisateurs s'en chargent. Je n'ai voulu montrer que la vie des hommes du « pays de neige », leurs faiblesses, leur beauté, leur humanité. Comme dit mon ami Norbu, le peintre : « Il nous fallait faire ce film en témoignage, avant que la tradition ne fonde comme neige au soleil. »

Bivouac. Kimbo La, 5 000 mètres d'altitude. Une nuit de décembre 1991 avec Tinlé. Dans le cercle formé par les sacs, mon dos tourné vers le vent des montagnes est secoué de frissons. Mes mains et mon visage grillent devant le feu de bouse. Un lourd cuissot de yak passe d'un caravanier à l'autre et chacun découpe avec son coutelas des lamelles de viande qui craquent sous la dent. Tinlé, les paumes ouvertes devant les flammes, m'observe : « Que fais-tu ici, dans ce froid, cet inconfort, piqué par nos poux à manger de la viande de yak gelée ? Tu as une vie confortable ailleurs ? »

Je reste silencieux et réfléchis à sa question. Je me la pose souvent au cours de ma vie d'errance. Que suis-je venu faire ici ? « J'avais treize ou quatorze ans lorsque j'ai lu un livre sur ces caravanes de yaks. Une lumière s'est allumée en moi. Instinctivement, je suis parti à leur recherche et

je t'ai rencontré, Tinlé. Combien de fois ai-je voyagé avec toi ? Sept, huit fois peut-être. »

Mon compagnon hoche la tête : « Tu devrais faire un film. »

Je fus surpris de sa réflexion mais à y réfléchir, elle était toute naturelle. L'hiver dernier, il m'avait accompagné à Katmandou et, comme il m'avait si souvent offert l'hospitalité de sa maison à Saldang, je lui avais ouvert les portes de la mienne. Bien sûr, il était allé voir des films indiens en ville et avait regardé des vidéos à la maison.

Dans le froid, l'immensité des montagnes, dans ce minuscule cercle des sacs éclairé par un maigre feu, les yeux rouges, pleurant dans la fumée, j'ai serré sa main et lui ai dit qu'il avait raison et que ce film, nous le ferions ensemble.

Quelques années plus tard, en 1996, après avoir rencontré Jacques Perrin, je dis à Tinlé que le temps était venu.

« Tu as le nez long », dit-il.

« Oui, je sais, j'ai un gros nez, répliquais-je, mais qu'est-ce que cela a à voir avec le film ? »

« Je ne parle pas de ton nez mais de ta vue. Tu vois loin devant, tu as beaucoup de persévérance, de détermination. »

Je lui avouais alors que la première idée de ce film, je l'avais eue il y a encore bien plus longtemps, lors de mon premier voyage au Dolpo, en 1981.

ÉRIC VALLI

Thilen Lhondup
Tinlé

C'est le personnage central de ce film, construit autour de lui et de sa véritable existence. On ne change pas Tinlé : il est droit, fier, passionné, plein de sagesse et d'humour. Un vieux chef qui, à la mort inexpliquée de son fils, reprend la tête des caravanes pour éviter qu'une autre famille s'empare du pouvoir. C'est le combat de deux clans qu'oppose une haine ancestrale.
Éric et lui se connaissent depuis vingt ans. Tinlé ne se rendait pas compte de ce qu'un tournage de la sorte représente de discipline, de patience, de persévérance (moi non plus d'ailleurs !). Malgré bien des surprises, des retards dus aux intempéries, et parfois aussi des conflits, Tinlé et ses amis se sont accrochés à ce rêve commun pour faire de ce film un témoignage de ce qu'est la vie au Dolpo.

« Ils me croient vieux et fou. Ils parlent à voix basse derrière mon dos. Mon fils Lhapka vient de mourir mais sa jeunesse est en moi. C'est elle qui me conduira à travers la montagne. Quatre jours de retard sur la caravane de Karma, ce n'est rien. Les dieux sont avec nous. Norbu ne retournera pas au monastère, il épousera Pema, et Tsering, plus tard, me succédera. Tout rentrera dans l'ordre, je le veux, la vie de notre terre est en jeu. »

Gurgon Kyap

Karma

C'est le fils du clan adverse. Tinlé l'accuse du
meurtre de son fils, mystérieusement tué dans les
montagnes. Gurgon Kyap est un *yak-pa*,
un meneur de yaks de la province de l'Amdo,
à l'est du Tibet. Pour échapper au joug chinois,
il s'est enfui et réfugié en Inde où il gagnait
sa vie comme cuisinier. Un physique
de samouraï, sauvage, sensuel, intense,
intelligent et capable d'une grande
concentration. Il s'est très naturellement
investi dans le personnage de Karma et tente
aujourd'hui une carrière de comédien.

*« Devant le corps de Lhapka, le vieux Tinlé n'a
rien dit mais il me regardait comme on regarde
un assassin ; c'était écrit depuis ma naissance :
j'étais celui qui tuerait son fils. Tinlé a ligué les
anciens contre moi, mais un chef prend le
pouvoir, on ne le lui donne jamais ; les jeunes du
village m'ont suivi, j'étais le plus brave, le plus
aguerri, le meilleur archer du village. Contre nos
rites et nos traditions, malgré la date de départ
fixée par le chaman, j'ai levé la caravane.
Nous partons demain, à l'aube. »*

**Karma Tensing Nyima Lama
Norbu**

Son rôle a été inspiré de la vie de Tensing Norbu,
un grand ami lama et peintre du Dolpo,
trop âgé pour jouer son propre rôle. L'acteur,
Nyima, est un véritable lama originaire du Tibet
qui s'est enfui en Inde en passant justement par
le Dolpo. Au cours du tournage, il s'arrêtait
souvent en chemin pour me montrer une grotte
dans laquelle il avait couché, un village
où il avait mendié avec ses compagnons d'exil.

« *Tinlé, mon père, est un vieil homme. Il est venu
me chercher au monastère. Chez lui, la colère
l'emporte toujours sur la douleur. Il m'a
demandé de conduire la caravane avec lui. Je lui
ai montré mes mains, des mains de lama,
blanches et fines. Il m'a traité de lâche, je lui ai
rappelé que c'était lui qui m'avait conduit ici,
quand j'étais encore un petit enfant. Mais je ne
pouvais pas le laisser entraîner Pema et Tsering
dans sa folie, et ma raison a faibli...* »

Lhapka Tsamchoe
Pema

Née dans le sud de l'Inde, elle est la seule
interprète du film qui ne connaissait pas les
réalités de son pays d'origine. Animée d'une
détermination extraordinaire, passionnée par le
Tibet et par ses traditions, bercée par les
histoires de ses parents, eux-mêmes autrefois
propriétaires de yaks et commerçants, elle s'est
totalement immergée dans la vie du peuple des
montagnes. Elle joue la belle-fille de Tinlé, mère
de Passang, qui se doit, à la mort de son mari,
de maîtriser sa douleur et d'affronter la vie avec
le même courage. Lhapka avait fait ses débuts
au cinéma dans *Sept ans au Tibet* de Jean-
Jacques Annaud.

« *Nous étions quatre enfants qui jouions toujours
ensemble : Lhapka et son frère Norbu, Karma et
moi. Tinlé a envoyé son deuxième fils au
monastère, et a voulu que je me rapproche de
son fils aîné Lhapka, alors Karma s'est éloigné.
Quand Lhapka, mon mari, est mort, Tinlé a voulu
que notre fils Tsering lui succède, par haine de
Karma. Il est allé chercher Norbu au monastère,
lui qui n'en était jamais sorti. Tinlé connaît les
montagnes, sait lire la course des nuages et
tracer son chemin dans la tempête, mais il ne
peut rien contre l'amour que nous éprouvons
Karma et moi depuis toujours.* »

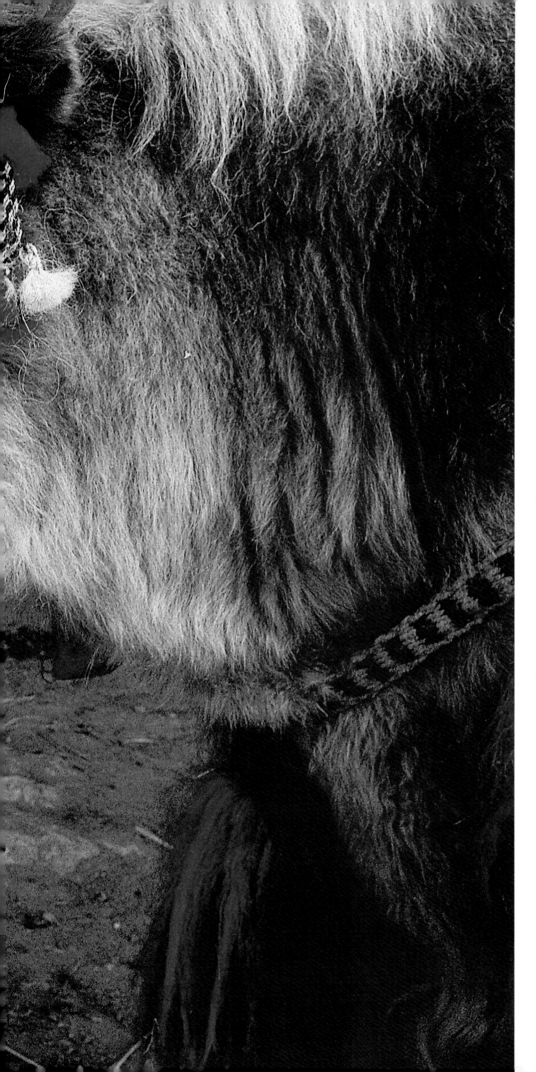

Karma Wangiel
Passang

Âgé de onze ans, il est le petit-fils de Tinlé, celui
qui, plus tard, prendra la tête des caravanes
et assurera l'avenir de son peuple. Petit, Karma
rêvait d'aller faire des études à Katmandou
pour se préparer aux changements extérieurs
auxquels son peuple est condamné.
C'est là qu'il est à présent.

« Je n'ai pas eu le temps de pleurer mon père.
Tinlé, mon grand-père, n'aime pas les larmes,
surtout chez son petit-fils. Pour lui, Karma,
le plus fier des caravaniers du Dolpo, a tué mon
père. Mon grand-père n'a pas cru à l'accident.
Sa haine a tout emporté. Ici, au Dolpo,
la loi de Tinlé est plus forte que celle de la
nature. Il a décidé que je ne serais plus un
enfant mais un chef. Quand Karma n'a pas
voulu écouter les avis des anciens et a pris la
tête de la caravane avec tous les jeunes du
village, mon grand-père a réuni ses vieux
compagnons et nous nous sommes lancés à leur
poursuite. »

vous allez, je l'observe, essuie mon front et lève le bras vers Juphal. Le cheval se rebelle contre la poigne qui retient les rênes. Pendant une longue minute de silence, l'homme fixe le chemin, puis ses yeux reviennent sur moi, son visage entrant et sortant de la clarté lunaire. Ensuite, d'un coup de talon, il relance sa monture. Le grondement de la rivière avale le martèlement des sabots.

Sans cet homme à cheval, la dernière image emportée du Dolpo aurait été celle d'une pénible épreuve physique. Installée à mon bureau, dans le confort d'une maison agréablement chauffée, je parcours les pages de mon journal de voyage et je ne peux qu'approuver les mots de George Schaller dans *Stones of Silence* : « Nous n'aimons pas l'inconfort, mais nous nous délectons de l'épreuve : plus difficile est le voyage, plus nous aurons de satisfaction à l'avoir accompli. » Et c'est probablement pour cette raison que j'ai si vite accepté de retourner au Dolpo cinq ans plus tard lorsqu'on m'a proposé de photographier le film *Himalaya, l'enfance d'un chef* et l'aventure de ce tournage.

6 septembre 1997. Hôtel Summit, Katmandou. Tout le monde est occupé à boucler ses bagages, vérifier son matériel, jeter un dernier coup d'œil sous le lit. Nous sommes le second groupe à partir. Il y a Sylvain (le machiniste), Jean-Paul, (chef opérateur), Jean-Baptiste (régisseur) et moi. Ang, mon assistant sherpa, se montre très consciencieux. L'idée de marcher m'enthousiasme, j'ai hâte de m'aventurer sur ces vastes étendues.

Nepalgunj, plus tard. La moindre pause amène son essaim de moustiques qui ferait hurler le plus placide des voyageurs. Autrefois, Nepalgunj était infesté par la malaria, si bien que personne ou presque n'osait s'y aventurer. Ici, rien ne fait songer à l'hiver. J'ai du mal à concevoir 25 °C en dessous de zéro. Il ne fera pas plus chaud dans les mois à venir.

7 septembre 1997. Dunai. Les dieux œuvrent manifestement en notre faveur ou nous serions encore à écraser les moustiques à l'hôtel Sneha. D'abord, la direction nous a informés que notre vol était annulé. Doutant d'une telle décision par un temps de toute évidence

D olpo 1992. Ma peau surchauffée colle à ma veste polaire. J'ai mal aux jambes. Depuis la dernière descente, mes pieds sont comme paralysés. Quinze heures se sont écoulées depuis qu'Éric et moi nous sommes dit au revoir sur le chemin enneigé. Le jour s'est fondu dans la nuit mais je distingue encore le chemin. Il s'étend, roule, serpente et s'accroche à la montagne comme un tapis ensorcelé. En bas, la rivière charrie dans un grondement ses eaux glacées. J'ai dépassé mon porteur une heure plus tôt. Il m'a supplié de passer la nuit au Blue Sheep Hotel à Dunai. Je l'ai convaincu de tenir les deux heures de marche supplémentaires pour atteindre Juphal d'où je pourrais prendre le vol de demain.

Le long de la rivière, sur le dernier plat avant que le chemin n'entame son ascension régulière, un grondement approche. Tout à coup, le sol tremble sous mes pieds. Je me colle à la paroi. Comme une apparition, un cheval blanc surgit d'un coude du sentier derrière moi, une silhouette sombre sur son dos. Le cavalier force sa monture à s'arrêter. Se détachant contre le sommet de la montagne, dans un rayon de lune, je ne distingue que la moitié d'un visage saisissant entouré d'une longue chevelure désordonnée. Il prononce quelques mots en tibétain. Comme personne ne vous demande jamais d'où vous venez mais seulement où

Double page précédente :
*Le village de Charka
situé à 4 200 mètres d'altitude.*

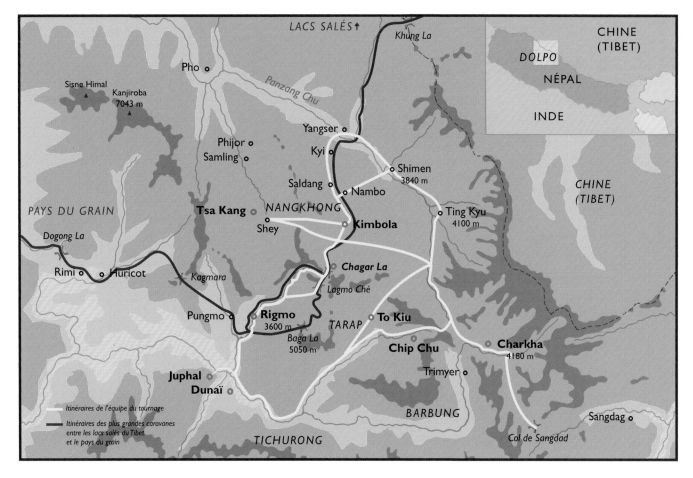

Situé au nord de la chaîne du Dhaulagiri mais à l'intérieur du territoire du royaume du Népal,
le Dolpo, peuplé d'ethnies de culture tibétaine, du fait de son isolement, n'a subi ni l'invasion chinoise,
ni celle des touristes et demeure l'extraordinaire exemple d'un Tibet intact et vivant.

aussi beau, je téléphone à l'aéroport… L'avion décolle dans une demi-heure. Nous sautons dans une Jeep et partons à tombeau ouvert vers l'aéroport dans la rue principale de Nepalgunj, surpeuplée, encombrée de camions, de vaches et bordée de *tea shops* décrépits.
À l'aéroport, nous nous lançons avec la même frénésie que les autres passagers dans d'interminables transactions pour obtenir une place. Des Népalais, dont le départ est retardé en raison du mauvais temps et des vols irréguliers, menacent de s'allonger sur la piste si on ne les laisse pas prendre ce vol. Avec des regards enjôleurs, nous tentons d'influencer les impassibles agents de la compagnie d'aviation, mais nous ne parvenons même pas à les dérider. Il reste toutefois les dollars. Bénie soit la corruption du tiers-monde.

8 septembre 1997. L'oxygène agit comme une cure. De Dunaï, il y a une longue marche au fond des gorges qui nous conduira jusqu'à la vallée de Tarap. Tout le monde avance à bonne allure.

Ce matin, le brouillard s'accroche à la montagne. Chacun marche à son rythme, aussi ne nous retrouvons-nous qu'au moment du déjeuner ou le soir.

Le ministre de l'Intérieur népalais a gardé le projet du film des semaines entières sur son bureau. Récemment impliqué dans un scandale politique, il n'ose plus prendre de décision. Charka, le village choisi pour le tournage, au nord de Tarap, jouxte la région autonome du Tibet chinois. Les autorités sont méfiantes. L'accès à la région est sévèrement contrôlé et nous n'avons toujours pas la permission officielle de Katmandou pour commencer le tournage. Malgré ces désagréments, nous avons décidé de partir et d'attendre la permission à Tarap – en zone libre – avant d'aller à Charka, situé seulement à deux jours de marche au nord. Si nous ne sommes pas prêts à démarrer dès le feu vert des autorités, nous devrons tourner en hiver. Ne pensons pas à la possibilité d'un refus.

10 septembre 1997. Pas le choix, la nuit tombe et nous devons camper au milieu d'une plaine balayée par le vent. Nous sommes à 3 200 mètres d'altitude et j'ai des élancements dans la tête. Je prends un cachet, une soupe et je vais me coucher. Le lendemain, nous avons tous le visage gonflé à cause de l'altitude.

12 septembre 1997. Tarap. Éric et la première équipe nous attendaient. Après m'être réchauffée avec un thé, je monte sur le toit-terrasse de la maison de Karma, dans laquelle nous sommes installés. Alain Maratrat, coach, comédien et metteur en scène de théâtre, fait répéter Tinlé et les autres Dolpo-pa. Marchands ou paysans, aucun d'eux n'a jamais joué la comédie. Certains n'ont même jamais vu un film de leur vie. Le cinéma le plus proche se trouve à dix-sept jours de marche. Tinlé ne cesse de répéter qu'il ne sera jamais capable de retenir la moindre ligne de son texte. Pour le familiariser avec le jeu d'acteur, Alain lui fait jouer le rôle d'un vendeur de voitures. Nous sommes à deux semaines de la route la plus proche. La plupart des Dolpo-pa ne sont jamais montés dans une voiture, mais Tinlé est tellement convaincant que je suis presque tentée de lui acheter le dernier modèle de l'année !

Pas un mot pendant le dîner. Soupe et *dal baht* (plat national du Népal constitué de riz et de lentilles). Nous attendons la sonnerie du téléphone satellite et les nouvelles des autorisations à Katmandou.

13 septembre 1997. Tarap. Problème aujourd'hui. La question porte sur la signification de la formule : forcer le destin. La traduction en tibétain était incompréhensible pour Tinlé car les bouddhistes croient au karma (dogme selon lequel le destin de chacun est déterminé par ses actions passées et ses vies antérieures). Que signifie forcer le destin ? Plus nous tentons de l'expliquer, plus le sens de l'expression nous échappe. Finalement, Michel explique à Tinlé que faire un film et se souvenir de son texte, c'est forcer le destin.

15 septembre 1997. Tarap. Lhakpa, l'assistant népalais d'Éric depuis vingt ans, distribue les salaires aux porteurs et doit trouver les yaks qui transporteront notre matériel jusqu'à Charka. Il vient me confier qu'il a abandonné sa tente à son jeune frère, Mingmar. Depuis que les costumes des Dolpo-pa y sont entreposés, une infecte puanteur rance imprègne la toile de nylon et même Lhakpa, pourtant capable de dormir n'importe où et de voyager des mois entiers sans prendre un bain, ne peut plus la supporter.

Bien que l'équipe doive attendre les autorisations à Tarap en continuant à préparer le travail des comédiens, les costumes et les accessoires, Sylvain et moi sommes envoyés à Charka à la rencontre de nos 200 porteurs qui arrivent avec le gros de l'équipement par un autre chemin plus à l'est.

21 septembre 1997. Charka. Après un voyage plus long que prévu, nous y arrivons en fin de journée. Partis à 7 h ce matin, nous avions presque franchi le col lorsque nous avons entendu un appel derrière nous. Notre « super » porteur Helico Pema, qui ne mesure pas plus de 1,50 mètre, bigleux et à la bouche largement ouverte sur un éternel sourire, désigne quelque chose de la main et dévale la pente comme un lapin vers l'homme qui nous appelle. C'est Norbu, un paysan de Tarap qui nous a rattrapé à cheval avec des roupies et une lettre de notre régisseur. Jean-Baptiste dit que le reste de l'équipe doit attendre l'officier de liaison qui arrive en hélicoptère avec l'autorisation. Notre permis de tournage en région interdite n'est que de trois semaines au lieu des six dont nous avons besoin. Il nous engage à la discrétion et à ne pas jouer les Bonnie & Clyde. Discrets ? Avec 200 porteurs et 150 yaks qui arrivent de l'autre côté de Charka ?

Nous croisons une bande de contrebandiers chargés jusqu'aux dents de *rakshi* (alcool local), cigarettes et autres marchandises en provenance de Jomosom, situé à l'est, et d'où doivent venir nos porteurs. Mais ils n'ont rencontré personne en chemin.

Que leur est-il arrivé ?

23 septembre 1997. Charka. Un vent fort souffle du nord. J'ai quitté le village ce matin avec sept Tibétains à la rencontre de nos hommes. Ils devraient bien finir par arriver. J'ai décidé de monter un camp au col de Sangdak à 5 400 mètres d'altitude pour photographier

et filmer l'arrivée de notre caravane dans ce désert minéral.

Après la dernière rivière, où la vallée s'oriente vers le nord-est et le col de Sangdak, je tombe enfin sur quelques-uns d'entre eux.

L'un après l'autre, ils s'effondrent d'épuisement aux pieds de mon cheval. Affamés, trempés par la pluie, ils ont le visage et les mains enflés, et souffrent du mal de l'altitude. Je leur distribue de l'aspirine et toute la nourriture que j'ai avant de rentrer au camp avec eux. Les causes de leur retard sont simples : à Jomosom, le *sirdar* (terme népalais signifiant « chef des porteurs » ; il s'agit ici du régisseur de l'équipe népalaise) a refusé d'accéder à leur demande d'augmentation de salaire. Les cinq jours de marche de Jomoson à Charka sont une véritable épreuve de force et d'endurance. C'est l'un des parcours les plus escarpés de tout l'Himalaya. La piste est recouverte d'éboulis et pour avancer d'un pas, il faut en faire deux. Les protestations et les nouvelles exigences des porteurs n'ont rien d'étonnant. Quoi qu'il en soit, le *sirdar* a refusé les 20 roupies supplémentaires quotidiennes et tout a capoté. Entre les bagarres et l'alcool, le lendemain, il ne lui restait plus que 32 hommes sur 200. Avec 200 charges, presque 5 000 kilos à transporter, notre *sirdar* avait intérêt à trouver rapidement une solution de rechange. À cette époque de l'année à Jomoson, il ne reste que des mules et quelques hommes en quête d'un peu d'argent facile. Chaque mule peut porter deux charges. Elles ont été négociées à 1 400 roupies par tête. Les porteurs restants se sont occupés des charges pour un salaire revu à la hausse. Nous sommes évidemment perdants sur toute la ligne.

Arrivée au camp vers 18 h 30. Avec Sylvain, Lhakpa, et le *sirdar* nous avons dressé la liste des catastrophes de la journée. Un des deux générateurs, visiblement exposé à l'humidité, a subi de sérieux dommages dans l'ascension. Cet incident peut nous handicaper terriblement en nous empêchant d'éclairer les scènes en intérieur. En plus, notre réserve de fuel est coupée d'eau, un des porteurs, comme nous l'avons appris, ayant eu la bonne idée d'en vendre à chaque étape contre du *rakshi*. Des containers entiers de riz et de lentilles ont disparu. À force de faire et de défaire les charges, tout est rangé n'importe comment. Le générateur voyage avec l'huile de cuisine, les savonnettes avec les bobines de film. Seule une trentaine de porteurs sont arrivés. Où sont les 170 autres charges ?

Nous aurions dû commencer le tournage aujourd'hui. Mais l'équipe, bloquée à Tarap, attend toujours l'officier de liaison et notre matériel est éparpillé dans les montagnes.

Une semaine plus tard. Un silence assourdissant m'entoure. D'une crête, je scrute les pistes solitaires. Derrière moi, Charka ne ressemble à aucun autre village du Dolpo. Découvert par l'explorateur japonais Ekai Kawagushi à la fin du XIXᵉ siècle, le village est installé comme une citadelle surplombant la jonction de deux rivières, signe de bon augure comme on dit ici.

Tout à coup, un minuscule défilé de mules apparaît sur la corniche tout en haut de la falaise opposée. Le mille-pattes gris descend avec application. Impressionnant de voir la manière dont les conducteurs dirigent leur cortège, tous à cheval, le long de l'étroit sentier puis dans les eaux glacées. Nos charges sont enfin là.

De retour au camp. Chaos. Après une après-midi entière d'intenses relations publiques, Lhakpa et le *pradhan* (le chef du village) reviennent complètement saouls et sont les meilleurs amis du monde. Le *pradhan*, le nez chaussé d'une paire de Ray-Ban des années 1970 et coiffé d'un bonnet de rappeur, arbore fièrement une paire de chaussures de marche flambant neuve. Lhakpa, qui sert d'intermédiaire, empeste le tchang et la chique et ne cesse de sourire et de me faire des clins d'œil ; il m'assure qu'une aussi généreuse donation convaincra le *pradhan* de persuader ses administrés d'attendre l'installation des caméras pour moissonner, nous permettant ainsi de tourner les scènes de récolte.

Mais le *pradhan* n'est pas dupe. Les Tibétains sont de fieffés commerçants et plus malins qu'une bande de cinéastes perdus au milieu de l'Himalaya. Toujours obligés de chercher leur subsistance hors de leurs frontières, ils ont le sens des affaires dans le sang. Le *pradhan* sait qu'il n'y a aucun village ni aucune aide à attendre à moins de trois jours de marche et que nous sommes totalement dépendants de lui.

L'équipe arrive et nous sommes enfin prêts à commencer le tournage. Nous avons déjà dix jours de retard.

Le Dolpo, avec ses villages situés à plus de 4 000 mètres d'altitude, est une des régions habitées les plus hautes du globe. Pour compenser le maigre rendement de leurs terres qui ne produisent que de quoi nourrir les populations durant trois ou quatre mois de l'année, les Dolpo-pa se sont tournés vers le troc. Chaque été, ils partent avec leurs caravanes de yaks au Nord pour chercher le sel des lacs sur le haut plateau tibétain. Gardant dans leurs villages la quantité de sel nécessaire à leur survie, ils vont échanger le reste contre le grain des vallées fertiles du Sud. C'est ce voyage épique de trois à quatre semaines, aux portes de l'hiver et à travers les plus hauts cols de Himalaya, qui a inspiré ce film.

Double page suivante :
Tinlé chasse les oiseaux des champs d'orge avec sa fronde.

27

Le 26 septembre 1997. Charka. Pour notre premier jour de tournage, il neige : probablement un aperçu de ce qui nous attend. Éric, le réalisateur, est dans un état de nervosité désastreux. C'est son premier long métrage. Dès le premier jour, nous réalisons que notre choix de matériel – caméra et optique – handicape notre mobilité et notre souplesse dans le travail ; l'équipe est trop légère pour les caméras lourdes et encombrantes.

Fin septembre 1997. Le film en a déjà trois de retard. Aucune scène d'intérieur n'a été faite et nous n'avons même pas terminé les extérieurs. Les plus glorieux et les plus hallucinants jours de tournage sont ceux où les 220 yaks occupent la scène. Vague houleuse, grondante et lente, les bêtes dévalent la pente dans une écume de poussière. Le spectacle est… grisant. Michel, l'assistant réalisateur, et son assistant Sano Karma, originaire du Dolpo, ne savent plus où donner de la tête. Le village de Charka est administré collectivement. Pour répartir les salaires d'une façon égale, les yaks et les figurants doivent être remplacés chaque jour, ce qui pose de gros problèmes de raccords.

Le soir, nous ne pouvons pas visionner ce que nous filmons dans la journée. Il nous faut envoyer les bobines par porteur à Katmandou, ce qui représente trois semaines de marche. Le temps que le film passe les douanes, arrive à Paris, soit développé et que la production le visionne, un mois peut s'être ainsi écoulé, et nous avons changé de décor. Nous travaillons à l'aveugle, à peine guidés par les critiques que nous recevons de façon décalée par téléphone satellite.

Stéphane, un des perchmen,
au cœur de l'action.

Double page précédente :
Les caravanes de yaks chargés
de sel tibétain viennent du Nord.

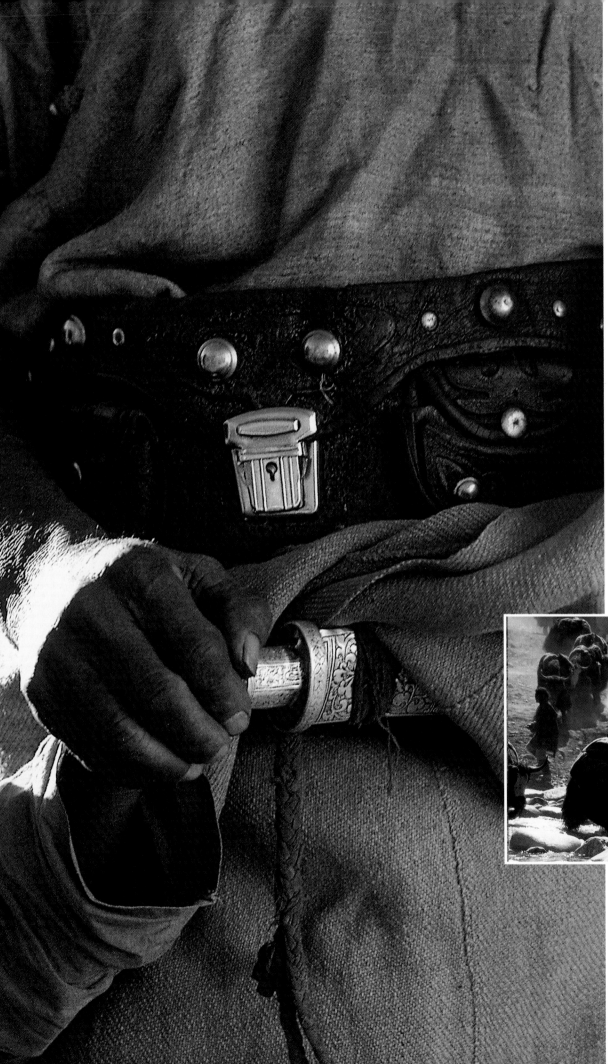

Le petit-fils de Tinlé regarde l'arrivée des yaks.

Ci-dessous :
Le chef des caravanes, Lhapka, fils de Tinlé, est mort dans les montagnes. Karma, membre d'une famille adverse mais néanmoins ami de Lhapka – la nouvelle génération ayant fait abstraction des haines ancestrales – ramène le corps au village.

Pema et Tsering, la veuve et l'orphelin,
découvrent le corps de Lapka.

Ci-dessous :
Karma explique la mort de Lapka à
Tinlé, le vieux chef qui, aveuglé par
la douleur et la haine, ne veut pas croire
à un accident et soupçonne Karma d'avoir
perpétré un meurtre afin d'usurper
le pouvoir.

Comment Karma va-t-il faire face à la haine et aux accusations de Tinlé ?

Pema voit sa vie totalement basculer après la mort de son mari Lhapka.

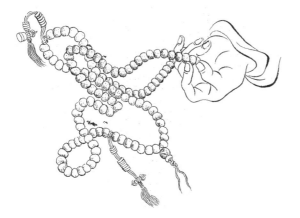

Lecture du Bardo Todol, le Livre des morts tibétain.

Double page précédente :
Le corps de Lhapka est porté au sommet d'une montagne, découpé et offert aux vautours par les lamas du village, comme le veut la tradition du Dolpo.

Tinlé, devant l'échiquier des renaissances, explique à Tsering, son petit-fils orphelin, la vie, la mort et l'histoire de la famille qui depuis des générations détient le pouvoir.
C'est au tour de Tsering d'apprendre les devoirs d'un chef.

Double page suivante :
Labrang, le chaman (à droite), et les lamas du village étudient les astres pour décider de la date favorable du départ des caravanes vers le pays du grain.

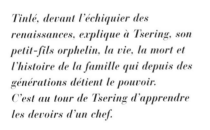

Karma (ci-dessus) *et sa mère* (à droite).

Double page précédente :
*Tinlé veut conduire les caravanes
bien qu'il n'y ait pas participé depuis
de nombreuses années. Pour l'aider,
il essaie de recruter un jeune homme.
Mais tous refusent, sachant que
Karma, de par sa jeunesse et sa
maturité, est tout naturellement
le nouveau chef.*

*Karma, secrètement amoureux de
Pema, essaie de raisonner Dawa, la
femme de Tinlé. « L'hiver approche, il
faut partir, qu'allez-vous faire de
votre sel ? Tinlé ne veut faire aucune
alliance, le village me suit,
venez avec moi. »*

Pema et son fils Tsering.

Tinlé emmène ce dernier chez son ami le forgeron qui appartient à un clan inférieur. Au Dolpo, les démons s'en prennent aux riches. Le forgeron change le nom de l'enfant pour en choisir un de son clan et l'accepte symboliquement dans sa famille de paria. Il fabrique de minuscules outils que Tsering doit porter en collier. Les puissances du mal, ainsi trompées par le stratagème, oublieront l'enfant. Tsering prend le nom de Passang.

Le charisme et l'adresse de Karma confortent sa position auprès des villageois, avec lesquels il fomente un coup d'État.

Éric et Tinlé discutant d'une scène au monastère.

Mi-octobre. Le docteur Manu, J.-B. et moi sommes désignés pour préparer notre prochain tournage au monastère de Tsakang, près de Shey, la montagne de cristal. Pour cela, il nous faut traverser tout le Dolpo d'est en ouest.

Après trois semaines au cœur du poussiéreux Charka, nous sommes heureux de reprendre un chemin que peu d'étrangers ont emprunté.

Nous laissons l'équipe tourner la scission du village et le départ de la caravane de yaks conduite par Karma.

Ne croyez jamais un Dolpo-pa qui vous dit que vous n'êtes qu'à trois petits jours de marche de votre destination. C'est ce que Tinlé nous a affirmé avant notre départ. Les trois jours en sont devenus six, le plus souvent à 5 000 mètres d'altitude. Au milieu de tous ces sommets et de toutes ces montagnes, je comprends l'obsession qu'on peut entretenir à leur égard. Que de foi, de volonté faut-il parfois pour réaliser un rêve! Rêver est une affaire sérieuse.

Ce film est un rêve en train de s'accomplir. Éric aura passé bientôt trois ans de sa vie à parcourir le Dolpo.

Jacques Perrin, séduit par la passion d'Éric pour ce pays et son histoire, mais percevant aussi ses faiblesses techniques, a pris soin de l'entourer de gens très compétents et complémentaires.

Pour l'image, il s'est entendu à Paris avec Jean-Paul, et plus tard, lors de la deuxième période du tournage, avec Éric et Luc, les chefs opérateurs. Ensemble, ils ont regardé les photos d'Éric et se sont mis au diapason. Même s'il ne peut s'empêcher de mettre l'œil au viseur, je sens qu'à présent il leur fait totalement confiance en ce qui concerne le cadrage et la lumière.

Gautama Bouddha disait :
« Tu ne peux avancer sur le chemin avant d'être devenu le chemin même. »

Après six jours de marche intensive, je me sens comme le chemin dont parle Bouddha. Il est temps d'atteindre Shey, la fameuse montagne de Cristal.

Les premiers habitants du Dolpo furent des ermites qui, il y a des centaines d'années, quittaient leur monastère pour venir méditer dans la solitude de ces montagnes. Drutob Senge Yeshe était l'un d'entre eux. Il habita dans une grotte au pied de la montagne où nous allons.

À sa suite arrivèrent des disciples. Des familles et de petites communautés s'installèrent à proximité des retraites de ces hommes saints.

Les Dolpo-pa ne tardèrent pas à comprendre qu'ils vivaient dans un endroit stratégique, situé entre le sel des lacs des hauts plateaux tibétains au nord et le grain des vallées fertiles du sud de l'Himalaya. Le troc les enrichit et bientôt naquirent des villages qui prospérèrent. Leurs caravanes de yaks sillonnaient ainsi les montagnes. Ce sont elles qui ont inspiré ce film.

Le vent fouette et fait claquer les drapeaux de prière au sommet du col de Shey La. Je sors un bonnet de laine pour me couvrir la tête. Le ciel inquiète nos yak-pa, nos meneurs de yaks. Ils disent que la neige ne va pas tarder. Beaucoup de neige. Ils nous poussent à avancer de plus en plus vite pour atteindre Shey en fin d'après-midi, décharger et repartir chez eux à Charka.

Deux troupeaux de mouflons paissent sur le versant opposé. Nous arrivons au monastère de Tsakang. De gros flocons tombent lourdement sur la terre rouge qui fait la réputation de cet endroit. Nous installons le camp à une demi-heure de marche du monastère qui fut construit à proximité de la grotte de Drutob Senge Yeshe.

Priorité des priorités : allumer un feu et préparer le thé. Soudain, le rabat de la tente se soulève et la neige s'engouffre à l'intérieur. Un homme vêtu d'une robe de moine, portant des lunettes et un bonnet de laine entre. C'est le lama de Tsakang. Nous nous empressons de l'accueillir. Il est venu de Saldang à cheval, à une journée de marche, pour nous ouvrir la porte de son monastère. Il nous explique qu'il n'y est pas resté cette année parce qu'il n'avait personne pour l'aider.

« Vous croyez que la neige va continuer à tomber ? » « L'année dernière à cette époque, la neige nous arrivait à la taille. Nous sommes restés coincés cinq mois au monastère. »

J.-B., Manu et moi échangeons un regard. On sert le thé. En le buvant, le lama poursuit : « Si ce soir les étoiles brillent, alors il fera beau demain. Mais si le ciel est plein de gros flocons, alors on peut s'inquiéter. »

Les hélicoptères qui doivent amener le reste de l'équipe à Charka risquent de ne pas décoller. Je jette un coup d'œil dehors. La neige continue à tomber.

À l'heure du dîner, les tentes sont recouvertes d'une épaisse couche moelleuse. La sonnerie étouffée du téléphone satellite interrompt le repas. Le camp de Charka nous donne le plan de vol des hélicoptères pour demain. Le blizzard ne les inquiète pas.

C'est à Tsakang, dans le monastère le plus haut du monde (4 750 mètres), qu'un jour Éric, venu demander conseil au lama de Shey, dont la sagesse était reconnue dans tout le Dolpo, s'est entendu répondre : « Lorsque deux chemins s'ouvrent à toi, si tu es assez fort, choisis le plus difficile, celui qui

exigera le meilleur de toi-même… » Exiger le meilleur de soi-même. Cette phrase que Norbu reprend dans le film est l'essence de cette saga. La neige s'est arrêtée et de violentes rafales de vent frappent régulièrement contre ma tente qui s'envolerait si je n'étais pas dedans.

Le lendemain. Les hélicoptères arrivèrent au-dessous du camp en provoquant un mini blizzard. Tinlé descend comme un chef veillant sur son royaume, les yeux brillant après son premier vol.

Une fois installés, nous avons reçu un appel urgent de Tarap. Rémy, venu réparer le générateur, va très mal. Il est bloqué à Tarap avec de la fièvre, des tremblements et une diarrhée. Sylvain, ainsi que Manu, notre médecin, se sont mis en route à 5 h du matin pour voir s'il fallait rapatrier Rémy en urgence à Katmandou. Si c'est le cas, nous pouvons dire adieu à notre générateur.

Ils ont marché onze heures et demie pour atteindre Tarap, ont franchi trois cols à 5 000 mètres d'altitude avant de rejoindre la vallée, maintenant ensevelie sous un épais tapis blanc.

En me réveillant un soir, je me demande combien de retard le film est en train de prendre… Deux mois engloutis par l'hiver. Les jours où nous avons besoin de soleil, il neige. Quand il nous faut un temps chargé de mystère et des ciels changeants, il est d'un bleu éclatant, d'ici jusqu'en Chine. Désormais seuls les dieux savent quand nous quitterons cet endroit.

À Paris, la production n'a peut-être pas bien évalué les conditions de tournage au Dolpo. Non seulement tout se passe à plus de 4 000 mètres d'altitude où l'oxygène raréfié ralentit chaque mouvement et mine chaque jour davantage notre énergie et notre résistance, mais en plus, il n'y a pas de route, pas de voiture ni de camion. D'un lieu de tournage à l'autre, d'un campement à l'autre, les tonnes de matériel doivent être déplacées à dos d'homme ou de bête et tout, absolument tout, prend un temps infini.

La nuit dernière, la température est descendue à - 25 °C. L'appel du petit déjeuner a retenti à 5 h. Habillés de la tête aux pieds, doudounes, bonnets, gants, nous mangeons de quoi engranger suffisamment d'énergie pour tenir toute la matinée. J'ai l'impression que tout le monde se pose la même question : « Que fait-on ici ? »

Nous avons dû abandonner le plateau ce matin. De la neige partout. Encore une journée de perdue. Notre pauvre directeur de production, Jean, a la tâche la plus ardue : entretenir le moral de l'équipe tout en rassurant la production sur le bon déroulement du film. Même si rien ne se déroule comme

Tinlé quitte mystérieusement le village au petit matin pour se rendre au monastère de Tsakang.

prévu… Les Dolpo-pa nous ont conseillé de faire une *puja* (cérémonie) pour demander la clémence des dieux et retenir la neige.

À présent, nous sommes séparés en trois groupes. Une équipe peu nombreuse est à Tsakang pour le tournage, l'autre, avec Lhakpa et les générateurs, est Dieu sait où dans la montagne, et le troisième groupe se compose de Sylvain et Manu, partis chercher Rémy.

C'est un bonheur pour les yeux et le cœur de tour-

ner des scènes devant le monastère adossé à la falaise. Des drapeaux de prière battent au vent pendant que nous tournons avec Tinlé et Norbu.

Progressivement, Éric sent que son rêve prend forme. La grande peur s'efface. Nos paysans-acteurs se prennent au jeu. Tinlé répète seul sa scène derrière un rocher, puis vient trouver Éric pour lui demander si ça lui convient.

Parfois après une scène particulièrement bien réussie, comme tout à l'heure, Éric détache l'œil de la caméra ou du moniteur vidéo, bondit de joie et va serrer les comédiens dans ses bras. Champa, musicien tibétain à Katmandou, acteur, traducteur, coach sur ce film, l'aide énormément.

Plusieurs jours plus tard. Nous avons des nouvelles : Manu et Sylvain ont ramené Rémy, qui est rétabli. Mais nous sommes toujours sans nouvelles du groupe mené par Lhakpa qui transporte le générateur défectueux.

25 octobre 1997. Nous quittons le monastère aujourd'hui. Nous suivons la piste qui mène à Kimbo La et bifurquons vers le nord-est.

Tinlé, en dernier recours,
a été trouver son deuxième fils,
Norbu, qui, comme le veut la tradition,
étudiait au monastère
depuis l'âge de huit ans.
Il est aujourd'hui lama
et peintre.

Tinlé demande à Norbu de venir l'aider
à conduire les caravanes. Mais
celui-ci, tout à ses études et à son art,
totalement ignorant de la rude vie
des caravaniers, refuse.

Karma.

Sur une crête dépourvue de la moindre végétation, un yak blanc, noble et solitaire, domine le paysage. Au Dolpo, ils sont considérés comme des animaux sacrés. Rares, ils ne sont jamais abattus. Comme les bisons blancs des Indiens d'Amérique, ils symbolisent l'abondance. Le yak blanc du film appartient à Tinlé, qui prétend qu'il a plus de vingt ans.

Le yak sur la montagne est indifférent aux hommes qui passent plus bas. Sans aucun doute, vivre seul ne le gêne pas. Ici, la solitude a valeur d'habitude.

La silhouette de ce yak ciselée contre le Kanjiroba (sommet culminant à 7 043 mètres d'altitude) m'inspire une sensation de paix. Au cours de ces moments-là, le Dolpo peut être éblouissant. Dans ces paysages dépouillés, sans entrave, les émotions sont décuplées. Une pointe de mélancolie se transforme vite en profonde tristesse. La moindre contrariété vire à la tragédie. La simple solitude se mue en une insupportable angoisse. Chaque sentiment est amplifié, épuré, comme la silhouette de ce yak solitaire.

Parfois, le désarroi qui m'étreint est tel que je cherche dans ce paysage nu, sans pitié, les réponses aux questions qui me poursuivent. Mais seuls me reviennent l'image de ce yak blanc, le mugissement du vent, le son du torrent qui se précipite dans un abîme, le vautour surgi de l'immensité des cieux, un morceau de roche qui se détache d'une falaise, l'invocation d'un Dolpo-pa au sommet du col : « *Soo soo La Gyalo* » (« Les dieux sont vainqueurs »). Rien qui ne m'aide à comprendre ce qu'en vain je cherche. Je ne trouverai sans doute jamais la moindre réponse aux questions que j'ai emportées dans l'Himalaya comme une valise supplémentaire. Au milieu de ces montagnes dénudées, tout paraît si dérisoire…

*Pendant l'absence de Tinlé, Karma, à la tête des caravanes de sel,
part avec les jeunes hommes du village avant la date fixée par les lamas,
bafouant ainsi la tradition.*

*200 yaks et une trentaine
de jeunes partent pour franchir
les plus hauts cols
de l'Himalaya et échanger
leur sel tibétain contre
le grain du Népal.*

Double page précédente :
Tinlé est rentré seul du monastère.
Abandonné de tous sauf de son petit-
fils et de ses vieux amis, il prépare
une caravane crépusculaire.

À la date fixée par les lamas,
alors que Tinlé s'apprête
à partir avec ses cinq vieux amis,
sa belle-fille Pema et son petit-fils
Passang, Norbu, changeant d'avis,
arrive pour aider son père.

La caravane de Tinlé avance lentement. Passang et Norbu forgent une complicité et découvrent ensemble les montagnes.

Passang sur un yak.

27 octobre 1997. Kimbo La. 4 600 mètres d'altitude. L'équipe est regroupée pour la première fois depuis deux semaines. Lhakpa, arrivé le premier, a monté le camp loin de l'endroit où nous avions l'intention de filmer. Éric et lui se sont disputés. Ces deux-là sont toujours à se chamailler en népalais. Mais Lhakpa est toujours présent entre Éric, Jean et les Dolpo-pa, autant dire entre le marteau et l'enclume. Son rôle est crucial. Combien de coups a-t-il rattrapé... Assistant d'Éric depuis vingt ans, il ne s'était jamais lancé dans un projet d'une telle ampleur. « C'est comme tenir un ours par les oreilles, disait-il l'autre jour à Éric. Tu ne peux plus lâcher. »

2 novembre 1997. Kimbo La. Jour de repos. De toute manière, nous sommes à court de pellicule en raison du retard des porteurs. Un magnifique soleil coiffe les montagnes autour du camp.

Deux jours après. Norbu, notre moine, passe la majeure partie de son temps à psalmodier des prières. Même à 4 h du matin, je l'entends réciter des textes sacrés dans sa tente, comme la prière des voyageurs et, parfois, celles de Shantideva :

Puis-je être un protecteur pour ceux qui n'en ont pas
Un guide pour les voyageurs en chemin ;
Puis-je être un pont, ou un bateau
Pour tous ceux qui veulent traverser l'eau.

Puis-je être une île pour ceux qui en cherchent
Et une lampe pour ceux qui désirent la lumière ;
Puis-je être un lit pour ceux qui doivent se reposer
et un esclave pour ceux qui veulent un esclave.

Lhakpa.

Chaque soir, quand le temps le permet, nous organisons la journée de tournage du lendemain. Mais au matin, mère nature change d'humeur et nous sommes souvent obligés de tout remettre en question.

6 novembre 1997. Nous avons installé le camp à Nielde. Je mange une soupe avec les Dolpo-pa. C'est le meilleur moyen de se réchauffer car ils sont toujours les premiers à faire un feu de bouse au milieu de leur grande tente de nomade. Tinlé entre et annonce que le ciel pourpre est signe de beau temps pour les jours à venir. Le retard pourtant ne cesse de s'accumuler. Nous ne prévoyons pas de partir avant la semaine de Noël.

Sylvain.

Alors que la caravane de Tinlé peine, celle de Karma traverse les montagnes d'un bon pas.

Tinlé rencontre des pèlerins venant en
sens inverse. Ils annoncent au vieux chef
que la caravane de Karma n'a pas trois
jours ni même quatre jours d'avance,
mais bien cinq.

*Les vieux, découragés, savent qu'ils
perdent du terrain et que jamais ils
n'arriveront à rattraper la caravane
de Karma avant les hauts cols où ils
se doivent de faire corps contre la
montagne et les tempêtes. Tinlé,
battu, décide d'abandonner.*

9 novembre 1997. Une vive inquiétude s'empare du groupe lorsque, à midi, Jean apprend au téléphone que Manu a disparu depuis la veille. Arrivé en fin de contrat, il est reparti à Ringmo rejoindre sa femme, venue de Chamonix, pour marcher quelques jours avec lui avant de repartir en France. Ils se sont retrouvés sur le prochain décor où Jérôme et Marc, les décorateurs, préparent la scène de la chute du yak. La dernière fois que Manu a été vu, il se dirigeait vers Kanjiroba. En moins de trente minutes, Sylvain, Guy, notre nouveau médecin, et moi-même faisons notre paquetage et partons avec Helico Pema qui a entendu parler d'un raccourci dans les gorges, sans jamais l'avoir emprunté.

Au plus profond des gorges, des épines s'accrochent à mon pantalon, me griffent le visage et me lacèrent la peau. Vite. Plus vite.

Le premier bouleau que nous croisons depuis des mois dans un monde totalement dépourvu d'arbres est un signe d'espoir. Comment a-t-il poussé dans cette fissure, exposé au vent, au froid et à l'ardeur du soleil ? Mais il se dresse comme une prière : OM ! dominant les genévriers et les eaux glaciales qui creusent ces gorges depuis des siècles.

En raison des neiges précoces, le niveau des eaux est plus élevé que d'habitude et franchir le torrent se révèle une tâche difficile. Nous avons de l'eau jusqu'à la taille. Des feuilles, de la boue, des brindilles remplissent mes chaussures.

Helico Pema se colle contre moi pour être sûr que le courant ne m'emporte pas. Il nous reste dix heures de marche pour atteindre le camp de Ringmo, où Manu a disparu. Inquiets, Sylvain, Guy et moi n'échangeons pas un mot.

Sur les falaises qui dominent le nord du lac, le soleil couchant éclaire la piste. Je prie pour que Manu soit encore en vie.

C'est un véritable fou de montagne. Ici, dans ce chaos minéral, j'imagine un million d'endroits où l'on peut trébucher et dégringoler dans un ravin, hors de vue, perdu à jamais.

Nous nous arrêtons un moment sur la rive du lac et allumons un feu rugissant. Personne ne parle de Manu ou des mauvaises nouvelles qui peuvent nous attendre au bout de ce chemin.

De nouveau sur le sentier, nous marchons en silence. Je ne pense plus ni à l'heure ni à la distance. J'imagine que mes pieds sont ceux d'un léopard des neiges ou d'un chasseur. Je pense au désert et à des endroits chauds. J'essaie d'imaginer ce que nous ferons si nous ne le retrouvons pas. Au dernier col, à 4 200 mètres d'altitude, Ringmo baigne dans le clair de lune. Bel endroit pour mourir tout de même.

Un dernier effort et me voilà au camp où nous le retrouvons enfin en bonne santé. Il était parti escalader un de ces sommets qui l'attiraient tant. Mais, ayant sous-estimé les difficultés, il dut passer la nuit dans un abri de fortune creusé par ses soins dans une corniche à 6 800 mètres d'altitude. Je le prends dans mes bras avec une envie de le mordre de rage pour les frayeurs qu'il nous a causées. Nous avons fait en seize heures de marche un parcours qui en demande au moins le double.

Quand deux chemins s'ouvrent à toi,
choisis toujours le plus difficile, celui qui exigera le meilleur de toi.

Tinlé reprend courage, grâce à son fils,
il pense au chemin des démons,
raccourci qui lui permettra peut-être
de rattraper Karma avant l'épreuve des cols.

10 novembre 1997. Ringmo. Jérôme et Marc étonnent tous les villageois avec le yak en fibre de verre qu'ils ont fabriqué en France pour les besoins du film.

De nouveau la neige. Nous jouons aux dés dans la tente commune sous le regard des enfants de Ringmo. Des vagues de rires secouent la toile de nylon. Les cuisiniers jouent leur salaire aux cartes. Le téléphone satellite sonne.

Sylvain décroche : « Combien ? 30 centimètres ? Okay, rappelle pour nous dire ce qu'on fait, d'accord, à 17 h... On attendra ton appel. »

Il raccroche : « Ils sont pris dans la tourmente à Chou Tang. Il neige trop pour continuer le tournage. Ils attendent qu'elle s'arrête pour partir. Les cols sont probablement bloqués. »

Même si le soleil se montre, dit Tinlé, il faudrait attendre deux jours pour qu'il n'y ait pas de risque d'avalanche. Pendant ce temps, les Dolpo-pa s'inquiètent. Ils n'ont pas de quoi nourrir les 135 yaks qui sont là-haut.

La radio annonce du mauvais temps sur tout le Népal. Nous envoyons Helico Pema et ses hommes pour ouvrir un chemin. Celui que nous avons pris dans les gorges est impraticable pour les animaux. Nous tombons naturellement dans d'impressionnants récits de tempêtes de neige. Vrais ou faux, ça n'a aucune importance. Et il neige encore.

En fait, il a neigé pendant vingt-quatre heures. 10 centimètres. 20 centimètres. 30 centimètres. On ne peut plus retenir l'hiver.

17 novembre 1997. Ringmo. Le reste de l'équipe arrive à Ringmo par un sentier qu'ils ont eux-mêmes ouvert grâce à Helico Pema à flanc de montagne, évitant ainsi les cols. Nous sommes tous là.

C'est notre premier jour de tournage sur le chemin du lac. Les habitants de ces montagnes, grands aventuriers, nomades et commerçants ont depuis toujours cherché des passages à travers cette gigantesque barrière himalayenne. De tous ces sentiers – fils ténus entre les hommes permettant l'échange – celui-ci est sans doute le plus impressionnant. Trop étroit, il ne fut pendant longtemps qu'un passage pour les hommes qui, poussés par leur besoin de survie et par les caprices du mauvais temps, l'ont creusé, renforcé, élargi pour permettre aux animaux de bât de passer. C'est ainsi que furent reliés le sel et le grain, le domaine de Bouddha et celui de Vishnu, l'univers tibétain et celui de l'Inde.

Le sentier des démons s'effondre, un yak tombe dans le lac. Le groupe de Tinlé, face aux épreuves, se ressoude et fait face. Toudroup reconstruit un pont, Pema sauve Norbu.

Ci-dessus : *Tournage sur le sentier du lac à 3 600 mètres d'altitude. Le yak en fibre de verre qui étonnait tous les Dolpo-pa.*
À droite : *Le soir même, la caravane des vieux rejoint celle des jeunes au pied des grands cols.*

18 novembre 1997. Ringmo. Ciel gris et maussade. Indécision. Éric, Michel et Jean ont parlé toute la journée du retard dans le tournage. Des soixante-dix-huit jours prévus, suivant les nouvelles estimations, il en reste quatre-vingt-neuf ! À cette allure, nous ne quitterons pas le Dolpo avant le mois de mai, si on a de la chance et à condition de respecter le nouveau calendrier. Jean est très tendu. J'imagine qu'à Paris la production est sur les dents. Tout le monde est fatigué, a l'air hagard. Même les natifs de Ringmo sont descendus à moins haute altitude pour faire paître les yaks. Selon le lama du monastère situé au bord du lac, venu demander une paire de chaussures, la neige arrive. J'ai l'impression d'être dans un roman de Jack London.

23 novembre 1997. Ringmo. C'est le règne du mauvais temps. Mais, Ringmo est un poème. Malheureusement, toutes les scènes que nous devons tourner ici nécessitent du soleil. Notre officier de liaison confirme les prévisions météo : nuages bas sur le Népal, la neige va continuer.

Jean apporte le téléphone satellite sur le toit de la maison après dîner. Il est temps d'appeler Jacques et de lui parler du blizzard ici dans les montagnes. En réalité, Éric, anéanti, est trop nerveux pour tenter d'expliquer les raisons de tout ce retard. Nous ne terminerons pas avant le printemps, si tant est que nous finissions. En fait, Jacques est calme. « Oui, tu as du retard, dit-il à Éric. Oui, le budget est explosé. Tout ça, c'est vrai, mais c'est mon problème de producteur. L'important, c'est que tu réalises ton rêve. » La ligne est coupée. Éric raccroche. Sidéré, ému par cette magnifique preuve de confiance.

25 novembre 1997. Ringmo toujours. Il neige tellement qu'on ne voit même plus le lac. Les tentes communes et celle qui abrite la cuisine se sont effondrées sous le poids de la neige. Toute l'équipe fait ses bagages. Le tournage est interrompu. Nous quittons Ringmo sous un manteau de neige pour nous rendre à Katmandou.

Au bivouac, Tinlé fait la divination
du sel. Il jette des cristaux dans les
flammes : si le sel crépite, le beau
temps continue, s'il reste silencieux,
la tempête approche. Le sel se tait, il
faut partir à l'aube. Karma,
incrédule, s'oppose à Tinlé : « L'herbe
est bonne, le ciel est bleu ; il faut se
reposer avant l'épreuve des cols. »

ivouac :
n et Tsering
uche) :
droup (ci-contre).

Obstiné, Karma est resté seul.
Les autres ont suivi Tinlé. La longue
caravane gravit les montagnes alors
que le mauvais temps approche.

Karma Chewang

Pendant la coupure de Noël, nous décidons de rentrer en France pour nous reposer, voir les rushes, faire le point et restructurer l'équipe. Nous ne remonterons que fin février pour finir le film.

Début mars. Nous reprenons le tournage dans la vallée de Tarap. Pendant notre absence, il a beaucoup neigé. La couche atteint 2 mètres. Mauvais temps. Cela nous convient puisque nous avons décidé de commencer par les scènes de tempête.

Éric Guichard et Luc Drion, les nouveaux chef-opérateur et cadreur se sont joints à nous. 150 yaks, 40 acteurs, 20 techniciens, la tempête qui bat son plein. Éric a longtemps préparé avec Michel, Jean, Lhakpa, Sano Karma, Champa, les acteurs et techniciens cette scène cruciale : la caravane dans la tempête.

« Dooooooo ! », s'écrie le réalisateur avec un geste ample du bras.

Hommes, bêtes, caméras, tout est recouvert de neige. Chaque seconde est utilisée au maximum. Il faut commencer par les plans larges, impossibles à refaire pour la simple raison qu'il faut de la neige vierge devant les personnages. Il est d'autre part impossible, compte tenu des difficultés, de la lenteur et du risque d'avalanche omniprésent, de changer de lieu de tournage.
Les plans serrés peuvent attendre.

Un coup de tonnerre fait tout à coup vibrer la montagne. Les Tibétains se mettent à hurler. Éric, parti ouvrir le chemin aux yaks qu'il allait filmer, est au pied de la montagne. Deux coulées de neige se détachent et dégringolent sur lui. Il n'a rien vu. Il n'a pas le temps de fuir.

Figée dans le silence, l'équipe regarde Éric sur le point de se faire engloutir par la neige… Mais les deux coulées passent miraculeusement à moins de 10 mètres devant et derrière lui. Décidément, les dieux sont de son côté.

La neige tombe toujours.

Nuit sans sommeil. Éric, qui dort avec son script et son storyboard à portée de la main, se réveille et, à la lueur de sa lampe frontale, les doigts gourds, dessine un plan, ajoute une indication de mise en scène, griffonne son découpage pour les scènes du lendemain.

3 h du matin. J'entends l'équipe de cuisine se lever pour faire fondre la glace afin de préparer thé et café. Quels extraordinaires personnages que ces porteurs et ces cuisiniers… Ce n'est pas le Hilton ici, mais sans eux, je ne sais pas ce que nous deviendrions.

À chaque tempête, il nous faut faire le maximum car on ne sait jamais quand la prochaine s'abattra sur nous. Nous sommes épuisés.

Tinlé craque et s'en prend à Éric :
« Tu nous demandes de faire, refaire et re-refaire ! Tu déplaces trois fois les caméras. Tu nous traites plus mal que les yaks ! »

Champa, Tinlé, Tsering, Norbu et Éric

Il est fatigué. Son visage est tellement marqué que le matin, il n'a plus besoin de maquillage. Désabusé, cassé, il part vers le camp sans se retourner.

Tout le monde ici est épuisé. Des erreurs dues à la fatigue se répètent à tout moment. Tout prend plus de temps, les réflexes jouent moins vite, moins bien. Mais que faire ? Nous sommes fin mars, à la fin de l'hiver et des grandes tempêtes. Il faut continuer.

Éric, tout à son travail, a fait abstraction de la fatigue, même s'il s'est effondré il y a quelques jours avec une lombalgie vite oubliée.

Devant la réaction de Tinlé, Éric, touché en plein cœur, reste là, les bras ballants. Même les yaks, dans le grand silence de la neige, semblent le regarder avec interrogation. Puis il s'élance derrière la silhouette qui déjà disparaît derrière le rideau blanc. Je le suis, Ang sur les talons.

« Tu nous dis que tu nous aimes mais ce n'est pas vrai », dit Tinlé, calme et amer. « Si tu nous aimais, tu ne nous demanderais pas tant : un peu plus rapide, un peu plus lent, plus fatigué, plus dynamique, arrête-toi avant ou plus loin... Et quoi encore dans cette neige, ce vent ? »

Mon assistant n'a pas besoin de me traduire le népalais dans lequel se déroule ce dialogue pour que je sente le désespoir et l'usure de Tinlé. Éric, le visage émacié lui aussi, écoute, les yeux brillants, respectueux, concentré et grave.

« Tinlé. Bien sûr, je t'aime et si je te demande de refaire ces scènes, si je déplace les caméras, c'est parce que je veux montrer le meilleur de toi, de vous. Votre dignité, votre force et celle de vos montagnes ! » Éric le saisit par les épaules. Tinlé s'ébroue et recule. Le regard qu'ils échangent est d'une rare intensité.

Deux hommes à bout de force parlant d'amour au cœur de la tempête. L'équipe attend et ne comprend rien.

« Non, Tinlé », reprend Éric, « je ne peux rien laisser passer. Je me dois d'attraper, de capturer le plus fort, le plus vrai de toi. »

« Allez, viens », dit-il en lui passant un bras sur l'épaule que Tinlé cette fois n'écarte pas. « On va souffler un peu, boire un thé et y retourner. Elle ne va pas durer éternellement cette tempête... »

Éric, sa passion, sa sincérité, sa détermination, mais aussi son égoïsme, tout ce qui le pousse dans cette vie de nomade depuis si longtemps... Tinlé, sa force, sa dignité, sa confiance... Et l'amour réciproque de ces deux hommes...

Double page suivante :
Le camp de Tchou Tang (4 700 mètres d'altitude), les yaks et l'équipe au commencement d'une tempête.

4 avril 1998. On veut tous rentrer à la maison. Rien que des retards toute la journée. Tout le monde est d'une humeur massacrante. Rafales de neige depuis quelques jours. Nous travaillons depuis 5 h du matin, les réserves de films s'épuisent... Le retard s'accumule. Des cinq mois prévus, nous en sommes maintenant à six. Terminer avant la mousson relève du miracle.

Les conditions de vie deviennent de plus en plus dures : humidité, froid, fatigue, neige à déblayer des tentes dont certains arceaux ont déjà lâché. L'approvisionnement par les vallées est coupé à cause des chutes de neige et des avalanches dans les gorges de la Tarap Chu. Personne pourtant ne se plaint. Tinlé et le groupe d'acteurs se donnent à fond, les techniciens aussi. La fatigue est là. Le risque d'avalanche omniprésent inquiète Sylvain et les Dolpo-pa. Une caméra est hors d'usage. La raison qui nous permet tous de continuer est un pur mystère.

Les effets spéciaux s'avèrent un véritable désastre. Le responsable, Jean-Marc, doit passer ses nuits à se demander comment ses canons à neige, qui marchaient si bien à Paris, se sont mués sous l'effet de la pression, de la température, de l'essence trafiquée et de quelques autres imperfections techniques en d'absurdes carcasses métalliques uniquement capables de cracher une espèce de mousse savonneuse à la tête des acteurs. Les hélices d'U.L.M. pour projeter la neige explosent, le brouillard

des trop petites machines s'envole. Les 2 canons à neige, qui pèsent chacun plus de 35 kilos, ont été reconvertis en tables pour nos pauses-thé. Et les 10 jerricans de liquide à neige ont terminé en produit à vaisselle. Seules deux machines à souffler les feuilles mortes de nos résidences secondaires, achetées 800 francs la veille du départ, restent opérationnelles, et encore, seulement lors de plans très, très serrés ! Heureusement, le mauvais temps est toujours de la partie. Enfin, après quatre semaines de Chip Chou nous terminerons la tempête.

Le Dolpo a eu son compte de neige. Lama Tché a été appelé pour faire une *puja* de haut vol afin de demander la clémence des dieux. Toute la matinée, les trompettes et les gongs ont résonné dans Champa Gompa, le monastère où nous tournons les scènes d'intérieur. Après que le Lama eut terminé ses prières, je lui ai demandé si nous aurions encore de la neige. Non, plus du tout... au moins les quatre jours suivant la cérémonie. Cela nous permet de commencer le tournage au sommet du col et de mettre en boîte la dernière séquence du film à 4 800 mètres d'altitude.

En raison des caprices du temps, nous avons abandonné l'idée de tourner le film dans sa continuté. Les Dolpo-pa, malgré les inconvénients, s'adaptent à cette gymnastique étrange et font preuve d'une patience extraordinaire.

12 avril 1998. Retour à Champa Gompa.

Tensing, notre *sirdar*, vient m'annoncer que si je veux de l'eau chaude pour mon bain, je ferais bien de me dépêcher parce que trois personnes attendent après moi.

Alors que j'attends qu'on me chauffe de l'eau en cuisine pour ma première douche depuis quinze jours, une vieille femme vient s'asseoir près de moi. Je suis aussi noire qu'elle... sauf que mon teint relève de la crasse pure. Elle tend le bras et presse mes joues, passe la main dans mes cheveux puis regarde autour d'elle et plonge la main dans sa *chuba* (manteau de laine tissée) pour en extraire un œuf. À 4 100 mètres d'altitude, alors que la poule la plus proche doit se trouver à quatre jours de marche. Un cadeau de Dieu.

Je lui offre du thé mais elle refuse, me disant qu'elle veut simplement rester dans la chaise et parler avec moi. La main serrée sur ma cuisse, elle me raconte ses malheurs. La mort de son mari, de cinq de ses enfants, la douleur dans sa jambe qui l'empêche de faire le pèlerinage dont elle rêve, sa solitude.

Je prépare tout de même du thé... qu'elle accepte de bonne grâce. Elle examine le fauteuil de métal et de tissu, ses accoudoirs. Au Dolpo, les fauteuils n'existent pas.

Elle s'appelle Pouti. Pouti et son œuf.

En se levant pour partir, Pouti se tourne vers moi : « Tête jaune, viens un jour chez moi », et elle s'en va. Comme un rayon de soleil dans l'hiver sibérien d'un pays nommé Dolpo.

Après son départ, je pense aux paroles de Sogyal Rinpoche sur la compassion. Compassion pour les autres. Compassion pour nous-mêmes. Les Tibétains disent que la souffrance est un balai qui débarrasse notre karma de ses strates négatives.

À gauche, en haut : *Tinlé et Éric.*
À gauche, en bas : *Michelle, script et maquilleuse.*
En haut : *L'équipe caméra.*
Ci-dessus : *Luc, cadreur.*

Tinlé exorte les jeunes à forcer les cols pendant qu'il est encore temps.

À bout de force, le vieux chef
s'effondre, et demande à Norbu de
conduire la caravane. Lui rebrousse
chemin pour vérifier que tout le
monde suit.

« *Droit dans les montagnes, caravanier* »,
dit Tinlé à son petit-fils en guise d'adieu,
avant de s'effondrer un peu plus loin,
seul dans la neige.

Karma, qui,
à l'arrivée de la tempête,
a décidé de rattraper
la caravane,
sauve la vie de son ennemi.

Tous se réfugient tant bien que mal dans les tentes qu'ils ont montées à l'abri des avalanches.

Karma et Pema se retrouvent.

Ci-dessous :
Tinlé est soigné
avec des pointes de feu
par Labrang, le chaman.

Double page précédente :
Application du Totcha, maquillage traditionnel qui protège les yeux de la réflexion du soleil sur la neige.

Au sommet du col, Tinlé, comprenant
enfin la valeur et la sincérité de
Karma, lui cède le pouvoir.
Comme pour l'excuser, il ajoute : « Un
vrai chef commence toujours par
désobéir. »

Passang, les yeux protégés par des longs poils de yak, observe la réconciliation des adultes.

« Soo Soo La Gyalo !! »
(« Les dieux sont vainqueurs !! »)

Karma jette un dernier regard vers le Dolpo avant la descente au pays du grain.

142

Tinlé s'effondre, et meurt.

15 mai 1998. Ringmo. L'hiver est passé. Nous sommes au paradis. Nous retrouvons le lac Phoksumdo que nous avions dû abandonner trois mois auparavant, chassés par la neige.

L'eau, d'un bleu turquoise, et les bouleaux qui bordent les rives du lac sont plus magnifiques que jamais. Après l'aridité du haut Dolpo, nous nous enivrons de l'odeur des genévriers, de la couleur des mousses et des écorces, de la complexité des formes dans la forêt. Les maisons sont massives et pour leur construction on emploie de grandes poutres inconnues plus au nord. Les villageois, de retour de leur hivernage au bas de la vallée, sont courbés dans leurs champs de sarrasin et de pommes de terre.

Certains d'entre nous ont troqué leur tente contre une chambre au village. Qu'il est bon de se lever et de s'habiller debout le matin! J'ai acheté des tapis tibétains que j'ai étendus sur le sol de ma chambre. En rangeant mes affaires, je découvre un T-shirt blanc propre au fond d'un de mes sacs. Il porte encore les plis du repassage.

Cela fait bien longtemps que nous n'étions pas descendus en dessous de 4 000 mètres d'altitude.

Nous allons vers le beau temps et maintenant que nous pouvons nous contenter d'une seule épaisseur de vêtements, un nouvel enthousiasme s'est emparé de l'équipe.

Ci-dessus : *Sylvie, assistante caméra, Éric et Jérôme, décoration.*
Ci-contre : *Sylvain, machiniste, et Jean-Paul, chef opérateur.*
À droite, en haut : *Patrick, assistant caméra, Karma et Éric Guichard, chef opérateur.*

Les membres de la famille tibétaine chez qui je loge sont aimables. Le maître de maison louche effroyablement mais a toujours le sourire aux lèvres. Avec sa femme, il s'occupe du petit magasin qu'ils ont au rez-de-chaussée. On y trouve de la bière, des nouilles instantanées, des pétards et du chocolat en poudre.

Je me précipite vers la tente des cuisines près du lac, me fais remplir un Thermos de lait de yak chaud, attrape un paquet de biscuits que je glisse sous ma veste, file jusqu'à ma datcha du Dolpo et grimpe sur le toit-terrasse. Étendue sous le soleil du Dolpo, je me gorge de chocolat chaud et de biscuits. On connaît le prix des choses, disait Oscar Wilde, rarement leur valeur.

23 mai 1998. Les scènes du lac sont derrière nous, le moral de l'équipe est au beau fixe. Le yak en fibre de verre nous a valu des curieux venus de loin contempler cette étrange bête… Ils ont observé avec un grand intérêt nos efforts répétés pour le précipiter à plusieurs reprises du haut de la falaise dans le lac.

Que pensent-ils de notre manège ?

28 mai 1998. Tarap, 4 100 mètres. Peu après le dernier voyage de l'hélicoptère qui nous ramène ici, Jean a téléphoné de Ringmo pour nous annoncer qu'au moment de monter dans l'appareil, Tinlé, après une nuit de beuverie, a refusé tout net ; il dénonçait la discrimination sournoise de la production qui ne pouvait envoyer tous les porteurs par hélicoptère avant de s'enfuir comme un yak dans la montagne. Jean, pris de court, l'a poursuivi, rattrapé et hissé de force dans l'appareil. Cette audace a dégénéré en affrontement. Jean et Tinlé sont toujours à Ringmo avec Lhakpa, qui fait tout ce qu'il peut pour arranger les choses. À l'heure qu'il est, ils sont probablement tous ivres morts et réconciliés.

30 mai 1998. Tinlé arrive avec Jean. Les Dolpo-pa sont las et veulent rentrer chez eux. Le tournage prévu pour quatre mois en est maintenant à son huitième.

Après un long conseil des sages avec Éric, ils acceptent de rester jusqu'à la fin du tournage. Il est vrai que tous les personnages importants du Dolpo voyagent avec nous et que nous monopolisons la totalité de leur temps. Tinlé, qui a le chic pour déclencher des histoires et les régler dans la même journée, donne sa parole à Éric qu'il ne le laissera pas tomber.

1er juin 1998. Dans les gorges au-dessus de Chip Chou. Depuis le début du deuxième tournage, malgré les frictions, et sans doute parce que les Dolpo-pa voient le mal que nous nous donnons pour faire ce film sur leur vie, nous sommes bien plus proches d'eux.

Lorsque nous installons le camp, véritable tour de Babel itinérante, les Occidentaux et les Dolpo-pa se mettent tout naturellement ensemble. Toute l'équipe est bien plus proche. Nos différences ont fondu. Jour après jour, Karma et Tinlé sont pris par leur rôle... Ils jouent parfois avec une telle vérité que nous retenons notre souffle.

À présent, quand Éric est déprimé, c'est Tinlé qui le rassure et le replonge dans la folie de son rêve.

Tinlé aime jouer les stars et adore se faire couper la barbe par Michelle, notre maquilleuse. Il nous pose toujours de nombreuses questions pour savoir quelles sont ses chances avec elle. À cause de ses humeurs, Éric l'a surnommé Marlon Brando.

2 juin 1998. Le film commence à ressembler aux Dolpo-pa. Tinlé qui, il y a à peine quelques jours fomentait une révolte, doit donner cette réplique aujourd'hui :

– *Chogpa, un Dolpo-pa ne fait jamais demi-tour...*

7 juin 1998. Chou Tang. Olli s'est procuré un kilo de morilles venues du Sud Dolpo. Les cuisiniers préparent une omelette pour ce soir. Nous avons quitté Tarap sous un ciel lourd de nuages annonciateurs de pluie. Katmandou a annoncé le début officiel de la mousson dans trois jours. Tinlé dit qu'il en faudra encore dix ou quinze avant qu'elle n'atteigne les montagnes. Pourvu que cela tienne.

9 juin 1998. Chou Tang. Fatigué, gavé du tournage. Angial, le petit garçon héros du film, a quitté le plateau et s'est réfugié dans la tente des Dolpo-pa. Champa est parti à ses trousses. Plus tard, il est à nouveau sermonné pour avoir été surpris en train de jouer ses avances de salaire aux cartes. Tous les cadeaux que l'équipe lui a fait ont été perdus aux cartes avec les porteurs. Il est désobéissant, intelligent et obstiné, toutes les qualités d'un chef. Il est parfait pour le rôle. Éric a obligé les porteurs à lui rendre tout ce qu'ils avaient gagné et a menacé de renvoyer quiconque serait surpris à jouer de l'argent avec l'enfant.

Ci-dessus : *Drolma, fille de Cheuki.*
Ci-contre : *Jean, directeur de production.*
Page de gauche : *Michel, premier assistant metteur en scène, en reconnaissance à Yang Sher.*

Tournage sur le sentier des démons.

Alain, un des coachs.

Nous tournons la séquence des pèlerins avec Cheuki et sa fille Drolma, venues de Tarap pour jouer le rôle. Ils ont voyagé à cheval, Drolma attachée dans le dos de Cheuki. Travailler avec des femmes est un changement agréable après des mois de plateau masculin. Je me souviens de Dawa, la femme de Tinlé, et du merveilleux travail que nous avons fait avec elle. Combien de temps il lui fallait pour se rappeler son texte à chaque scène! Cheuki me dit qu'avant de mourir, elle donnera tous ses coraux et ses turquoises à un grand lama de la vallée et qu'elle fera un long pèlerinage.

Juin 1998. Cette nuit. Chou Tang baigne dans la clarté de la lune. Les cloches des chevaux et des yaks tintent. Ils paissent l'herbe des pâtures, et se remettent d'un hiver rude.

Si tout va bien, il ne reste que dix jours de tournage. Nous sommes à 4 700 mètres d'altitude, presque la hauteur du mont Blanc, un bel endroit pour terminer un film.

La mousson approche, les yaks perdent leur fourrure hivernale. Il faut se dépêcher avant qu'ils ne soient plus raccord avec les autres séquences. La dernière scène des pèlerins en boîte. Cheuki s'est enduit le visage de beurre, a sellé sa monture, attaché sa petite fille Drolma dans son dos, caché sa liasse de roupies dans sa ceinture et quitté le plateau de Chou Tang pour Tarap.

Le ciel est lourd. On a vraiment l'impression qu'il va reneiger. Une discussion s'engage sur la nécessité de faire une *puja* anti-neige mais, après réflexion, nous réalisons que la dernière à Champa Gompa n'avait fait qu'empirer les choses… alors nous abandonnons l'idée.

La tente médicale.

Quelque part nous commençons à réagir comme des Dolpo-pa. Nous déménageons vers le campement suivant, nos 150 yaks à la file. La mousson plane et chaque seconde est cruciale. Les dernières scènes demandent un beau temps et un ciel d'un bleu parfait. Au lieu de cela, les nuages bas pèsent, sinistres et menaçants. Presque trente-deux semaines dans ces montagnes.

16 juin 1998. Chou Tang. Deux jours de beau temps et nous bouclons. Merci Padmasambhava.
Retour à Tarap. Le film est terminé. La vallée est d'un vert splendide. Cheuki et Pouti sont venues dans ma tente un peu plus tôt. Je leur ai donné tout ce que je possédais de chaud. Cheuki m'a apporté un pichet de lait de yak et Pouti deux œufs frais et une petite turquoise. Puis elle a baissé la tête et pleuré doucement, me disant combien la vie allait être tranquille après notre départ. La mousson est là. L'hélicoptère est coincé pour le troisième jour consécutif à Pokhara à cause de la pluie. Plusieurs voyages sont nécessaires pour nous transporter avec le matériel. Olli, le régisseur, s'occupe de la liste des « qui part quand ». Nous sommes tous collés contre lui pour être les premiers. Voilà la fameuse et mince ligne rouge dont j'ai souvent entendu parler. Chaque seconde vaut une minute. En plus, le *sirdar*, qui pensait que nous allions partir de suite, a vendu et distribué la nourriture qui nous restait aux gens de la vallée. Champa chante à la guitare *No Way Out of Here* de Bob Dylan.
Trois jours plus tard. Jean et Olli courent dans tous les

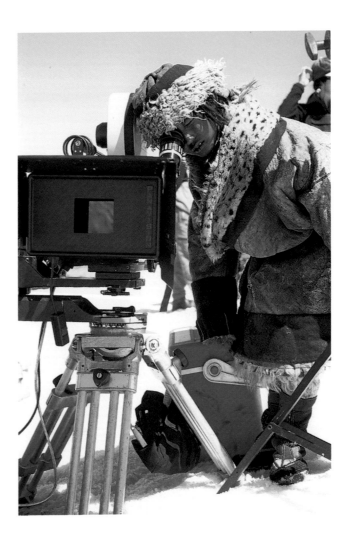

Champa, Tinlé et Éric.

Complicité et déprime.

sens, criant : « Ils arrivent, ils arrivent. » Je n'ai jamais vu des gens ranger leurs tentes, ramasser leurs sacs et courir vers un héliport improvisé aussi vite que ce jour-là.

Trois heures passent. Nous échangeons avec les Tibétains les écharpes d'adieux. Tous les Dolpo-pa sont venus regarder l'oiseau d'acier nous emporter de leur vallée. Sous un abîme de ciel bleu, par-dessus leurs inextricables sommets et sentiers sans fin, dans les nuages de la mousson, nous sommes repartis d'où nous venions.

En près de 230 jours passés au Dolpo, j'ai rencontré des ermites qui venaient tout juste de prononcer leur vœu de silence, des lamas qui prétendaient pouvoir arrêter les tempêtes de neige et des pèlerins à la recherche de la réincarnation du Tulku (lama réincarné) de Shey. J'ai chevauché au milieu de canyons désolés, franchi des torrents glacés, parcouru des horizons si vastes que la terre semble s'y perdre.

Pouti, Debra et Cheuki.

Certaines nuits, il faisait si douloureusement froid que je dormais avec mes appareils de crainte qu'ils ne gèlent eux aussi. Il nous est arrivé de croire que ce projet insensé n'aurait jamais de fin. Dans ces moments-là, le doute et la solitude étaient nos seuls compagnons. J'ai connu des passages à vide... qui ne devaient rien au précipice – ce que les Anglais appellent des « ornières intellectuelles ». J'ai éprouvé des désarrois existentiels. J'en ai plus souffert – ou peut-être m'en suis-je d'avantage enrichie – que dans n'importe quel autre reportage à aucun moment de ma vie.

Au total, en 32 semaines, nous avons parcouru près de 1400 kilomètres à pied et franchi 21 cols à plus de 5000 mètres d'altitude. Nous avons consommé plus de 10 tonnes de riz et 4 tonnes de lentilles. Il nous a fallu 5 tonnes de kerosène pour le fonctionnement du générateur, la cuisson de nos repas et faire chauffer l'eau pour la toilette ; il aura fallu 2400 journées de porteurs pour acheminer tout cela dans les montagnes.

Les tempêtes de neige, la fatigue, l'épuisement ne m'ont pas empêché de vivre de véritables moments d'éternité. Cette femme surprise un matin chantant à son yak, ce bouquet de fleurs cueilli au printemps himalayen, ces chevauchées avec les Tibétains dans des paysages d'un autre monde et l'immensité si bleue du ciel m'ont fait croire que la vie était infinie. C'est en parcourant ces étendues arides si longtemps que j'ai compris la force de la foi des Dolpo-pa dans l'exis-tence : ils sont tout simplement trop occupés à « vivre la vie ».

Une amie, connaissant toutes les difficultés de l'aventure, m'a demandé récemment si je serais prête à tout recommencer .

Sans hésitation j'ai répondu : « In a Heartbeat. »

Debra Kellner
Paris, mai 1999

REMERCIEMENTS

Nous tenons à remercier :
Sa Majesté Le Roi Bir Bikram Shah Dev,
ainsi que le gouvernement népalais.

Merci Tara pour ton soutien constant tout au long de ce projet et ta présence à mes côtés pendant mes heures de doute.

Merci Henri pour ta confiance, tes encouragements incessants et le fil d'Ariane qui nous relie où que nous soyons.

Merci Mom et Grama pour les ailes que vous m'avez données.

Merci Arthur pour ton écoute, ton soutien et ton amitié.

Merci Alexandre d'avoir «assuré» à Paris pendant mon absence.

Merci Irène, d'être qui tu es.

Merci à mes compagnons qui ont partagé cette aventure avec moi dans les montagnes. Je pense à Sylvain, Michel, Olli, Jean, Patrick, Michelle, Sylvie, Olivier, Vincent, Denis, Nasr, Manu, Alain, J.-B., et Champa.

Merci aux Dolpo-pa d'être qui vous êtes. Merci Pouti et Cheuki.

Merci Helico Pema, Tensing Sirdar et vos équipes inépuisables.

Merci à Robyn, Wendy et Gyani de l'hôtel Summit et à la baignoire du 308.

Merci à Kit, Amar et à l'équipe du Summit Trek.

Merci Chino, Élisabeth et Maya pour votre grâce et votre générosité.

Merci David Allan Harvey pour ton esprit et tes enseignements.

Merci Lhakpa Gyalzen Sherpa, un des plus grands esprits de l'Himalaya, de m'avoir tant fait rire.

Merci Jean-Baptiste, Florence, Mme Vera et les filles. « Ce soir, il ne faut pas se coucher tard… »

Merci encore au Docteur Guy Duperrex, au Docteur Peschanski, à Karnali Hélicoptères, à Europe Assistance, à Bruce Miller et ses « stories », à Alain Mingam pour ses encouragements.

Merci également à Tensing Norbu pour ses illustrations, Ang Sherpa pour avoir porté mes appareils, à Picto et Monique Plon, à Jean-François Leroy, à l'équipe de Galatée. Merci à Sophie pour sa traduction.

Merci à Yvon Plateau, Von Zydowitz, Michel Ellert, Odette Janus, Jean-Pierre Amadache et toute l'équipe Leica.

Merci à Marie-France et Jacques-Yves de Rorthays, Michel Tallard, Cyril et toute l'équipe du Vieux Campeur.

J'aimerais remercier Benoit Nacci pour sa patience et son expérience. C'est un honneur de pouvoir faire ce premier livre avec lui.

J'adresse mes remerciements tout particuliers à Jacques Perrin
pour la chance qu'il m'a offerte en m'engageant.
À tous, merci d'exister.

Toutes ces photos ont été prises avec des Leica M6, R7 et R8
avec des objectifs Leica allant du 19 mm au 280 mm.
Tout l'équipement de montagne a été fourni par le Vieux Campeur.

Achevé d'imprimer en mars 2000
sur les presses de Canale, à Turin
Photogravure : Quadrilaser

Dépôt légal : avril 2000
ISBN : 2-7324-2570-2
Imprimé en Italie

HIMALAYA
L'enfance d'un chef

Prix du Public –
Festival de Locarno- Août 1999

Réalisation
Éric Valli
Scénario original
Éric Valli et Olivier Dazat
Adaptation et dialogues
Olivier Dazat
Avec la collaboration de
Jean-Claude Guillebaud
Louis Gardel
Nathalie Azoulai
Jacques Perrin
Musique originale
Bruno Coulais
Conseiller technique
Michel Debats
Image
Éric Guichard –AFC
Jean-Paul Meurisse
Chef monteuse
Marie-Josèphe Yoyotte
Son
Denis Guilhem
Denis Martin
Cadre
Luc Drion
Claude Garnier
Chef décorateur
Jérôme Krowicki
Peintre de la fresque
Tensing Norbu Lama
Photographe de plateau -Making of
Debra Kellner
Régie générale
Olli Barbé
Jean-Baptiste Leclère
Story-board
Maxime Rebière
Casting
Sylvie Brocheré
Sophie Blanchoin
Gabrielle Béroff
Préparation des comédiens
Jampa Kalsang Tamang
Maurice Bénichou
Alain Maratrat

Script –Maquillage et Coiffure
Michèle Carmintrand
Costumes et accessoires
Karma Tundung Gurung
Michel Debats
Effets spéciaux
Jean-Marc Mouligné
Chef électricien
Olivier Barré
Chef machiniste
Sylvain Bardoux
Assistants caméra
Sylvie Carcédo
Nasr Djépa
Patrick Ghiringhelli
Vincent Muller
Assistants son
Stéphane Albinet
Vincent Lefebvre
Assistants
Hugues Deniset
Passang Kipa Lama
Renan Marzin
Lhapka G. Sherpa
Tensing Sherpa
Machinistes
Florent Geslin
Électriciens
Richard Brodet
Pascal Launay
Assistants décorateurs
Marc Fivel
Thomas Rolin
Alain Fretzel
Fabienne Haertling
Montage son
Gina Pignier
Michel Crivallero
Mixage
Bernard Le Roux
Fabien Adelin
Bruitage
Laurent Lévy
Alain Lévy
Mixage musique
Didier Lizé
Assistantes au montage
Irène Cohen-Aguirre
Delphine Lermitte
Chants
Lodoe Tensing
A Filetta

Larma Karma Gyurmed
Tensing - Phüntsock Tsalung
Guitare, cordes pincées
Slim Pezin
Percussions
Jean-Paul Batailley
Laurent Julia
Violoncelle
Jean-Philippe Audin
Piano
Raoul Duflot
Basse
Michel Peyratout
Guitare
Christophe Barratier
Avec-Le Bulgarian Symphony
Orchestra-SIF 30
Coordination à Katmandou
Amar Rai
Kit Spencer
Médecins
Emmanuel Cauchy
Guy Duperrex
Jean-Olivier Guitran
François Lecoq
Administratrices de production
Claude Morice
Paulette Materne
Assistants Galatée Films
Nicole Devaux
Claire Dornoy
Sophie Zuber
Jean-Luc Tesson
Traducteurs
Tséring Yangson
Nicolas Silhé
Coordination de production
Yvette Mallet
Philippe Gautier
Diane Summers
Gyani Bade
Producteur exécutif
Jean de Trégomain
Producteurs
Jacques Perrin
Christophe Barratier

Tourné au Dolpo, Népal,
de septembre 1997 à juin 1998

Jacques Perrin
présente :

Une co-production
Galatée Films-France 2 Cinéma-Bac Films
Les Productions de la Guéville
Les Productions J.M.H. (Suisse) – Antelope (U.K)
National Studio Limited (Népal)

HIMALAYA
L'enfance d'un chef

Un film d'Éric Valli

avec la participation de Canal +
du Centre national de la Cinématographie
de l'European Coproduction Fund (U.K)
d'Eurimages – et de la Télévision Suisse Romande

avec le soutien de La Fondation Gan pour le Cinéma
La Procirep – et de l'European Script Fund

Producteurs associés
Jean Labadie – Danièle Delorme & Yves Robert
Jean-Marc Henchoz – Mick Csaky – Neer Bikram Shah

Distribution : Bac Films
10, avenue de Messine – 75008 Paris
Tél. : 01 53 53 52 52 – Fax : 01 53 53 52 53

Ventes Mondiales : Président Films
2, rue Lord-Byron – 75008 Paris
Tél. : 01 45 62 82 22 – Fax : 01 45 63 40 56

Presse : Eva Simonet – Galatée Films
92, rue Jouffroy d'Abbans – 75017 Paris
Tél. : 01 44 29 25 98 – Fax : 01 44 29 25 99

Durée : 104' – Cinémascope – Dolby SRD –DTS
Galatée Films - 92, rue Jouffroy d'Abbans –
75017 Paris
Tél. : 01 44 29 21 40 – Fax : 01 44 29 25 90
e.mail : galatee@ club – internet.fr

Merci aux dieux de l'Himalaya
qui ont veillé sur moi lorsque j'en avais le plus besoin.